HET COMPLETE HANGOVER CURE KOOKBOEK

100 ONGELOOFLIJKE RECEPTEN VOOR DE DAG NA EEN GROTE BORREL

Mirte Scholten

Alle rechten voorbehouden.

Vrijwaring

De informatie in dit eBook is bedoeld om te dienen als een uitgebreide verzameling strategieën die door de auteur van dit eBook zijn onderzocht. Samenvattingen, strategieën, tips en trucs zijn alleen aanbevelingen van de auteur, en het lezen van dit eBook garandeert niet dat uw resultaten de bevindingen van de auteur nauwkeurig weergeven. De auteur van het eBook heeft alle redelijke inspanningen geleverd om de lezers van het eBook actuele en nauwkeurige informatie te verstrekken. De auteur en zijn medewerkers kunnen niet verantwoordelijk worden gehouden voor eventuele onopzettelijke fouten of weglatingen die worden gevonden. Het materiaal in het eBook kan informatie van derden bevatten. Materialen van derden bevatten meningen van hun eigenaars.

Het eBook is Copyright © 2022 met alle rechten voorbehouden. Het is illegaal om geheel of gedeeltelijk afgeleide werken van dit eBook te herdistribueren, kopiëren of maken. Niets uit dit rapport mag in welke vorm dan ook worden verveelvoudigd of verspreid zonder de uitdrukkelijke en ondertekende schriftelijke toestemming van de auteur.

INHOUDSOPGAVE

INHOUDSOPGAVE 3

INVOERING 7

ONTBIJT 8

   1. Citroencrème met bramen 9
   2. Muesli als ontbijt 11
   3. Rauwe veganistische yoghurt 13
   4. Rauwe bessenchips 15
   5. Boekweit Kurkuma Pap 18
   6. Papaverzaad amandelreep 20
   7. Zinger Bars voor het ontbijt 22
   8. Mango Aardbei Rauwe Graan 24
   9. Rauwe kaneelbroodjes 26
  10. Witte chocolade Chai 28
  11. Melkachtige warme chocolademelk 30
  12. Chili warme chocolademelk 32
  13. Toast met avocado en ei 34
  14. Bacon-, ei- en kaasmuffin 37
  15. Ontbijtschotel met spek en ei 39
  16. Caribische Havermoutpap 42

VOORGERECHTEN EN SNACKS 44

  17. Gesneden komkommer augurken 45
  18. Gekonfijte Yam 47
  19. Gevulde avocado's met coleslaw 49
  20. Rauwe courgette rolletjes 51
  21. Gevulde champignons met cashew-pesto 53
  22. Avocado Caprese Salade 55
  23. Rauwe Taco Boten 57
  24. Appel nacho's 59
  25. Cacao Crunch 61
  26. Chili poppers 64

27.	NAPA-CHIPS MET KAAS EN UIEN	66
28.	GEKARAMELISEERDE NOTEN	69

HOOFDGERECHT 70

29.	RAUWE WRAPS	71
30.	ONGEKOOKTE BALLEN ZONDER VLEES	73
31.	RAUWE WORTEL NOEDELS	75
32.	COURGETTE PASTA	77
33.	MOCK SLA SANDWICH	79
34.	BLOEMKOOL BROCCOLI 'RIJST'	81
35.	COURGETTE NOODLES MET POMPOENPITTEN	83
36.	VEGAN LOEMPIA'S	85
37.	CHAMPIGNONS GEMARINEERD MET CITROEN EN PETERSELIE	87
38.	LINGUINE ARRABBIATA	90
39.	KATERGARNALEN	93
40.	LAMSWORSTROLLETJES MET HARISSA YOGHURT	95

SOEPEN 98

41.	TSJECHISCHE KNOFLOOKSOEP	99
42.	KATERSOEP	102
43.	KOREAANSE KATERSOEP	105
44.	BIETENSOEP	107
45.	GEMENGDE DALSOEP	109
46.	KOEPEL-RUSTGEVENDE SOEP	111
47.	WITTE POMPOEN-KOKOSSOEP	113
48.	HELE MUNG SOEP	115
49.	GOUDEN KURKUMA BLOEMKOOLSOEP	117
50.	IMMUNITEIT SOEP	120
51.	SPINAZIESOEP	122
52.	ENERGIESOEP	124
53.	SHIITAKE CHAMPIGNONSOEP	126
54.	RODE PAPRIKASOEP	128
55.	WORTEL GEMBER SOEP	130
56.	CHAMPIGNONSOEP	132

SALADES 134

57.	Kool met cranberry	135
58.	Pittige Groente Salade	137
59.	Bietensalade	139
60.	Salade van kool en granaatappel	141
61.	Wortel-granaatappelsalade	143
62.	Komkommer salade	145
63.	Kater Helper Salade	147
64.	Pasta Gooi	149
65.	Geluk Salade	151
66.	Daikon Radijssalade	153
67.	Rauwe Pompoensalade	155
68.	Salade met rode kool en grapefruit	157
69.	Zoete rode koolsalade	159
70.	Thaise Som Thum-salade	161
71.	Romige salade van pompoenpitten en venkel	163
72.	Salade van babytomaat, rode ui en venkel	165

NAGERECHT 167

73.	Zachte kaasbroodjes	168
74.	Mini worteltaartjes met sinaasappel	170
75.	Mini Limoentaartjes	173
76.	Mini cacaomousse taarten	176
77.	Chocolade toffee	179
78.	Rauwe Chocolade Avocado Pudding	181

SMOOTHIES 184

79.	Groene smoothie	185
80.	Ananas Munt Smoothie	187
81.	Kersen Kokos Smoothie	189
82.	Mango noten yoghurt smoothie	191
83.	Tropische mandarijnensmoothie	194
84.	PB en Aardbeien Smoothie	196
85.	Wortel Mango Kokos	198
86.	Gember Pina Colada	200
87.	Kersen Bosbessen Boerenkool	202
88.	Framboos Banaan Chia	204

89.	Goji, mango en baobab smoothie bowl	206
90.	Cafeïnevrije yogathee	208
91.	Artisjokwater	210
92.	maagd Maria	212
93.	Natuurlijk vitaminewater	214
94.	Ananas detox tonic in glas	216
95.	Gemberthee	218
96.	Smoothie van bosbessen en spinazie	220
97.	Groene smoothie met vijgen	222
98.	Kiwi-ontbijt	224
99.	Courgette, peer en appel Bowl	226
100.	Avocado en bessen	228

CONCLUSIE 230

INVOERING

Katers gebeuren. Je springt er gewoon even uit voor een geraffineerd glas wijn met je collega's. Het volgende dat je weet dat je aan je derde bent, verandert die zelfgemaakte maaltijd in een vloeibaar diner, en als de wekker de volgende dag afgaat, word je scheel en verward wakker.

Of je nu trek hebt in een groen sapje of de behoefte voelt om je hoofd in een emmer wafels te dumpen, deze katerrecepten brengen je van nul tot (bijna een) held.

De lijst begint met het goede gezonde ontbijt en gaat verder met de kleverige, vette, goedkope recepten die je katerziel zullen laten zingen.

ONTBIJT

1. Citroencrème met bramen

Maakt 4 porties

Ingrediënten

- 1 kop cashewnoten, 8 uur geweekt in water, afgespoeld en uitgelekt
- 1 kopje vers gehakte kokosnoot
- schil van 3 citroenen
- 1 kopje water
- 4 kopjes rijpe bramen

Routebeschrijving

a) Doe de cashewnoten, kokosnoot, citroensap, citroenschil en water in een keukenmachine en mix tot een romig en glad mengsel.

b) Giet de lemon curd in een afsluitbare container.

c) Zet de wrongel afgedekt in de koelkast tot gebruik.

d) Schenk de kwark in serveerschalen en garneer met de bramen.

2. Muesli als ontbijt

Portie: 1 portie

Ingrediënten

- 3/4 kop rauwe noten
- 10 middelgrote dadels, geweekt en ontpit
- 1 kop vers fruit, bij voorkeur mango, bessen of bananen
- 1 eetlepel geraspte verse rauwe kokosnoot
- notenmelk, naar smaak

Routebeschrijving

a) Gebruik een keukenmachine om de noten en dadels samen te verwerken tot de noten bijna fijngemalen zijn.

b) Meng in een kom met vers fruit en kokosvlokken.

c) Op smaak brengen met notenmelk.

3. Rauwe veganistische yoghurt

Porties: 4

Ingrediënten

- 1 kopje macadamianoten of cashewnoten, 2 uur geweekt
- 1 kopje gefilterd water
- 1 eetlepel citroensap

Routebeschrijving

a) Doe de noten in de blender met de helft van het water. Mix gedurende 20 seconden en voeg het resterende water toe.

b) Mix tot een romige, gladde consistentie is bereikt.

c) Breng het mengsel over in een schone glazen pot en dek af met plasticfolie dat op zijn plaats wordt gehouden met een rubberen band. Laat 16 tot 24 uur gisten op een warme plaats.

d) Hoe langer het zit; hoe meer fermentatie zal plaatsvinden.

e) Roer eventueel citroensap erdoor en zet in de koelkast.

4. Rauwe bessenchips

Porties: 6-8

Ingrediënten

- 30 ons gemengde bessen (aardbeien, bosbessen, frambozen)
- 2 kopjes rauwe walnoten of rauwe pecannoten
- 1/4 kop ongekookte havermout
- 2 eetlepels ahornsiroop
- 1/4 tl uienpoeder

Routebeschrijving:

a) Meng in een grote kom de gesneden aardbeien en andere gewassen bessen.

b) Bereid de topping in een keukenmachine en pulseer alle ingrediënten tot ze net zijn gecombineerd.

c) Voeg in een braadpan van 1,4 liter het grootste deel van het bessenmengsel toe, laat ongeveer een paar eetlepels over. Gelijkmatig verdelen.

d) Giet nu het grootste deel van de topping over de bessen, maar bewaar een paar eetlepels.

e) Strooi nu de overige bessen erover en tot slot de rest van de topping.

f) Serveer direct of zet 1 uur in de koelkast.

5. Boekweit Kurkuma Pap

Serveert 1

Ingrediënten

- 1/2 kop rauwe boekweitgrutten
- 1/3 kopje haver-, amandel- of sojamelk
- 1 banaan, geschild en in stukjes
- 1/3 theelepel gemalen kurkuma
- 1 snufje gemalen zwarte peper

Routebeschrijving

a) Doe al je ingrediënten in je blenderkan of staafmixer en blend alsof er geen morgen is. Een kleine keukenmachine zal het mengen, maar je krijgt het misschien niet zo soepel.

b) Serveer, gegarneerd met alles wat je hartje begeert.

c) Vers fruit, knapperige granola, cacao nibs en geroosterde noten zijn allemaal heerlijk.

6. Papaverzaad amandelreep

serveert 1

Ingrediënten

- 3 eetlepels maanzaad, gemalen
- 5-7 dadels, fijngehakt
- ⅓ kopje en 1 eetlepel amandelmelk
- ¼ theelepel kaneel

Routebeschrijving

a) Meng alle ingrediënten en laat ze een nacht in de koelkast staan.

b) Verwijderen, roeren en genieten.

7. Zinger Bars voor het ontbijt

Voor 5-6 porties

Ingrediënten

- 10 Medjool dadels zonder pit
- 1/4 kop gouden bessen
- 1 kopje glutenvrije havermout
- schil van een citroen

Routebeschrijving

a) Doe de havermout in je keukenmachine en verwerk tot de haver in kleine stukjes uiteenvalt.

b) Voeg de gouden bessen, dadels en citroen toe en verwerk tot het mengsel plakkerig is.

c) Zodra het mengsel plakkerig is, vorm het dan in repen.

d) Zet de toppen een week in de koelkast. Voel je vrij om de hoeveelheid te verdubbelen om meer Zinger Bars te maken!

8. Mango Aardbei Rauwe Graan

Porties: 1

Ingrediënten

Korrel

- 1 1/2 kop bevroren mango
- 1 1/2 kop bevroren aardbeien
- 1/2 kop graanvrije Rawnola

Bananenmelk

- 2 rijpe bananen

- 1 kopje water

Routebeschrijving

a) Combineer de bevroren mango en bevroren aardbeien in een keukenmachine. Verwerk tot stukjes ter grootte van een kiezelsteen. Werk niet te veel of je hebt een mooie crème.

b) Giet in een kom en plaats in de vriezer.

c) Meng de banaan en het water om de bananenmelk te maken. Pas de gewenste consistentie aan met meer/minder water.

d) Haal de granola uit de vriezer, roer de Rawnola erdoor, vul aan met de melk en geniet!

9. Rauwe kaneelbroodjes

Porties: 3-5

Ingrediënten

- 15 biologische dadels, ontpit
- 4 grote rijpe biologische bananen
- 1/2 tl biologische kaneel
- Optioneel: vanille
- Optioneel: Extra kruiden

Routebeschrijving

a) Snijd de bananen verticaal in 3 stukken.

b) Bestrooi de bananen met kaneel en plaats ze 6-8 uur in een dehydrator op 115F.

c) Doe alle dadels in een snelle blender met een snufje kaneel, eventueel vanille en water.

d) Zodra de bananen kunnen worden gehanteerd zonder te breken, maar niet helemaal droog zijn, snijdt u ze in plakjes en verdeelt u de karamel erover.

e) Rol de banaan met karamel om zich heen tot een rol. Bestrooi de broodjes eventueel met meer dadelkaramel. Bestrooi de bovenkant met kaneel.

f) Plaats terug in de dehydrator voor 6 uur tot het is opgewarmd.

10. Witte chocolade Chai

Maakt 4 porties.

Ingrediënten

- 3 1/2 kopjes warm water
- 1/2 kopje cashewnoten
- 1/4 kopje mesquitepoeder
- 3 theelepels lucumapoeder
- 3 theelepels xylitol of zoetstof naar keuze
- 2 theelepels cacaoboter
- 1 theelepel macapoeder
- 1/2 theelepel Chai masala kruidenmix of naar smaak

Routebeschrijving

a) Mix alles ongeveer 1 minuut op de hoogste stand.

b) Serveer in voorverwarmde kopjes.

11. Melkachtige warme chocolademelk

Maakt 3 porties.

Ingrediënten

- 2 1/2 kopjes warm water
- 1/4 kop johannesbroodpoeder
- 1/4 kopje lucumapoeder
- 1 klein staafje cacaoboter
- 2 theelepels kokosbloesemsuiker
- 2 theelepels cashewnoten of 2 theelepels notenboter

Routebeschrijving

a) Mix alles op de hoogste stand tot het warm en glad is.

b) Serveer in voorverwarmde kopjes.

12. Chili warme chocolademelk

Maakt 4 porties.

Ingrediënten

- 3 kopjes warm water
- 1 kopje cashewnoten
- 1/2 kopje honing of zoetstof naar keuze
- 1/4 kop cacaopoeder
- 1 klein staafje cacaoboter of kokosolie
- 1 snufje zout
- Chili naar smaak

Routebeschrijving

a) Mix alles ongeveer 1 minuut op hoog vuur en serveer in voorverwarmde kopjes.

13. Toast met avocado en ei

Ingrediënten

- ¼ avocado ontpit en geschild
- 1 snee volkorenbrood of brood naar keuze
- Zeezout naar smaak
- Vers gekraakte zwarte peper naar smaak
- Gebakken eieren
- ½ eetlepel boter
- 1 ei
- Roerei
- ½ eetlepel boter
- 2 eieren
- Gekookte eieren
- 2 eieren
- Gepocheerde eieren
- 2 theelepels witte azijn
- 1 ei

Routebeschrijving

a) Rooster het brood in een broodrooster goudbruin en krokant, leg de kwart avocado op de toast, snijd deze in plakjes en pureer deze bovenop de toast. Bestrooi met eieren naar keuze en breng op smaak met peper en zout.

b) Voor gebakken eieren: Verhit de boter in een koekenpan met antiaanbaklaag op middelhoog vuur tot hij heet is. Breek het ei op de pan en zet het vuur onmiddellijk laag. Kook onafgedekt tot het wit volledig is gestold en de dooiers naar wens zijn ingedikt, ongeveer 5-7 minuten.

c) Voor roerei: Verhit de boter in een koekenpan met antiaanbaklaag op middelhoog vuur tot hij heet is. Klop de eieren in een kleine kom en giet ze voorzichtig in het midden van de pan. Wanneer de randen beginnen te stollen, begint u de eieren voorzichtig te vouwen tot de eieren gaar zijn, ongeveer 2-3 minuten.

d) Voor gekookte eieren: Doe de eieren in een pan. Giet koud water over de eieren tot ze volledig onder staan. Breng het water aan de kook, zet het vuur dan laag en kook volgens de gewenste gaarheid: 4 minuten voor ZACHT gekookt; 6 minuten voor MEDIUM gekookt; 12 minuten voor HARD gekookt. Zet een kom ijswater klaar. Breng de gekookte eieren over in het ijswater om volledig af te koelen voordat ze worden gepeld.

e) Voor gepocheerde eieren: Breng een grote pan water aan de kook. Breek een ei in een kleine kom. Roer azijn door het water en maak een draaikolk met het kokende water. Zet het vuur lager zodat het water een rollende kook op de bodem van de pan creëert. Voeg dan voorzichtig het ei toe aan het midden van de pan en kook 3-4 minuten, afhankelijk van de gewenste gaarheid. Verwijder het ei met een schuimspaan.

14. Bacon-, ei- en kaasmuffin

Ingrediënten

- 5 grote eieren
- 1/4 lb. (125 g) knapperig gekookt spek, verkruimeld
- 1 kop geraspte cheddar, of welke kaas dan ook die je lekker vindt
- Zout en vers gemalen peper naar smaak
- 1/2 theelepel Italiaanse kruiden
- 1/2 theelepel gemalen chilipepervlokken

Routebeschrijving

a) Om de cheesy bacon-eiermuffins te maken: Verwarm je oven voor op 400 ° F (200 ° C).

b) Vet een muffinvorm van 6 tellen in met olie of bakspray met antiaanbaklaag. Opzij zetten. Breek de eieren in een grote mengkom en klop ze samen met zout en zwarte peper.

c) Roer gekookt spek, cheddarkaas, Italiaanse kruiden en rode chilipepervlokken (indien gebruikt) erdoor.

d) Verdeel gelijkmatig in muffinvormpjes die elk ongeveer 2/3 vol zijn. Top met meer spek en kaas als je wilt. Bak de eiermuffins 12-15 minuten in de voorverwarmde oven, of tot ze gaar zijn.

15. Ontbijtschotel met spek en ei

PORTIES 10

Ingrediënten

- 1 pond spek, in reepjes van 1/2-inch gesneden
- 1 gele ui gesnipperd
- 1 rode paprika zaadjes verwijderd en in blokjes gesneden
- 3 teentjes knoflook fijngehakt
- 12 grote eieren
- 1 kopje melk
- 3 kopjes diepgevroren aardappelblokjes, je hoeft de aardappelen niet te ontdooien of te koken
- 2 kopjes geraspte cheddarkaas verdeeld
- 1 1/2 theelepels zout
- 1/2 theelepel zwarte peper
- 2 groene uien gesnipperd

Routebeschrijving

a) Verwarm de oven tot 350 ° F. Vet een ovenschaal van 9x13 in met anti-aanbakspray en zet opzij.

b) Bak in een grote koekenpan spek op middelhoog vuur, af en toe roeren. Bak tot het mooi krokant bruin is. Verwijder het spek met een schuimspaan en leg het op een met keukenpapier beklede plaat. Snijd het spek grof en zet apart.

c) Voeg de ui en rode peper toe aan de pan en kook op middelhoog vuur tot ze zacht zijn. Voeg de knoflook toe en bak 2 minuten mee. Opzij zetten.

d) Klop in een grote kom de eieren los en klop de melk erdoor. Roer de gekookte groenten, aardappelen en 1 kopje geraspte kaas erdoor. Zet $\frac{3}{4}$ kopje spek opzij en roer de rest erdoor. Kruid met peper en zout.
e) Giet het mengsel in de voorbereide ovenschaal en bedek de resterende kaas en groene uien. Bak 20 minuten zodat de eieren beginnen op te stijven. Voeg voorzichtig het resterende spek toe aan de bovenkant van de braadpan. Bak nog 20 tot 30 minuten of tot de eieren stevig zijn en de bovenkant licht goudbruin is. Laat 10 minuten staan. Snijd in vierkanten en serveer warm.

16. Caribische Havermoutpap

Ingrediënten
- 1 kop gerolde haver
- 3 kopjes water, verdeeld
- 1 stok kaneelstokje
- 1/4 kop rozijnen, gespoeld
- 1/2 theelepel vers geraspte nootmuskaat
- 2 eetlepels suiker, meer naar smaak
- 1/4 kop volle melk, meer naar smaak

Routebeschrijving
a) Week de havermout 4 minuten in 1 kopje water.
b) Terwijl de haver aan het weken is, breng je de resterende 2 kopjes water en het kaneelstokje op middelhoog vuur aan de kook.
c) Als het water kookt, voeg je de geweekte haver toe samen met de resterende weekvloeistof.
d) Roer de afgespoelde rozijnen erdoor en zet op laag vuur.
e) Dek de pan af en kook 5 tot 6 minuten of tot het mengsel erg dik wordt.
f) Haal van het vuur en gooi het kaneelstokje weg. Roer de vers geraspte nootmuskaat, suiker en volle melk erdoor.

VOORGERECHTEN EN SNACKS

17. Gesneden komkommer augurken

Maakt ongeveer 1 kopje

Ingrediënten

- 1 kop komkommer, in plakjes van inch gesneden
- 1 theelepel uienpoeder
- 2 eetlepels citroensap

Routebeschrijving

a) Meng de ingrediënten in een mengkom. Plaats onder druk in een komkommerpers.

b) Of plaats een bord over het mengsel in de kom en stapel zware borden erop.

c) Laat een dag op kamertemperatuur staan.

d) Dit is enkele dagen houdbaar in de koelkast.

18. Gekonfijte Yam

Geserveerd 4

Ingrediënten:

- 4 yams of zoete aardappelen, geschild
- 1 of 2 eetlepels rauwe honing of rauwe agave nectar

Routebeschrijving

a) Verwerk de yams in een keukenmachine met het S-mes tot een gladde massa.

b) Voeg de zoetstof beetje bij beetje toe, verwerk elke keer dat je het toevoegt, en proef het tot de zoetheid die je wenst is bereikt.

19. Gevulde avocado's met coleslaw

Porties: 4

Ingrediënten

- 2 kopjes geraspte rode kool
- 3/4 kop geraspte wortel
- 1/2 kop geraspte rode ui
- sap van 1 limoen
- 2 avocado's, gehalveerd en zonder zaadjes

Routebeschrijving

a) Meng in een middelgrote kom beide kool, de wortel en de rode ui

b) Giet het limoensap over het koolmengsel en hussel door elkaar.

c) Schep voorzichtig een gaatje in elke avocadohelft. Vul met de koolsalade en eet smakelijk!

20. Rauwe courgette rolletjes

Porties: 3

Ingrediënten

- 1 middelgrote courgette
- 150 g cashewroomkaas
- 2 eetlepels citroensap
- 5 verse basilicumblaadjes
- Handvol walnoten

Routebeschrijving

a) Meng in een kom cashewkaas met citroensap en vers gehakte basilicum.

b) Voeg een handvol gehakte noten toe.

c) Snijd met een dunschiller lange reepjes uit de courgette

d) Leg op elke reep ongeveer 1 theelepel kaasmengsel.

e) Rol de courgettereepjes over het kaasmengsel en garneer met verse basilicum.

21. Gevulde champignons met cashew-pesto

Porties 12 champignons

Ingrediënten

- 10 ons. Hele cremini-paddenstoelen, centrale stengels verwijderd
- 15-20 grote basilicumblaadjes
- Sap en rasp van 1 citroen
- 2/3 kop rauwe cashewnoten
- Zwarte peper naar smaak

Routebeschrijving

a) In een keukenmachine of blender, combineer basilicum, citroensap en cashewnoten.

b) Kruid met peper en pulseer de keukenmachine tot ze grof gehakt zijn.

c) Mix tot de pesto glad en romig is, ongeveer 30 seconden.

d) Leg de champignonhoedjes met de open kant naar boven op een serveerschaal. Doe de pesto in de champignondoppen.

e) Bestrooi met citroenschil en garneer met een hele cashewnoot.

22. Avocado Caprese Salade

Porties: 6 porties

Ingrediënten

- 4 middelgrote erfgoedtomaten
- 3 middelgrote avocado's
- 1 grote bos verse basilicum
- 1 limoen geperst

Routebeschrijving

a) Snijd de avocado rond de evenaar en verwijder de steen. Snijd in ringen en verwijder vervolgens de schil.

b) Gooi de avocadoplakken lichtjes in het citroensap.

c) Tomaten snijden.

d) Leg de plakjes tomaat, plakjes avocado en basilicumblaadjes op elkaar. Genieten van!

23. Rauwe Taco Boten

porties 4

Ingrediënten

- 1 krop romaine sla
- 1/2 kop rauwe bietenhummus
- 1 kop gehalveerde cherrytomaatjes
- 3/4 kop dun gesneden rode kool
- 1 middelgrote rijpe avocado (in blokjes gesneden)

Routebeschrijving

a) Schik saladeboten op een serveerschaal en vul met 1-2 eetlepels (15-30 g) hummus.

b) Bestrooi vervolgens met tomaten, kool en avocado.

24. Appel nacho's

Opbrengst: 1

Ingrediënten

- 2 appels naar keuze
- ⅓ kopje natuurlijke notenboter
- een klein handje geraspte kokos
- Strooi kaneel
- 1 eetlepel citroensap

Routebeschrijving

a) Appels: Was, ontpit en snijd je appels in plakjes van inch.

b) Doe de appelschijfjes in een kleine kom met het citroensap en schep om.

c) Notenboter: Verhit je notenboter tot hij warm en licht vloeibaar is.

d) Sprenkel de notenboter in een cirkelvormige beweging vanuit het midden van het bord naar de buitenrand.

e) Bestrooi met kokosvlokken en bestrooi met kaneel.

25. Cacao Crunch

Ingrediënten:

- 3 kopjes boekweit, geactiveerd en gedroogd
- 1 kopje cacao nibs
- 1 kopje rozijnen
- 1 kop cacaopasta (240 g vaste massa)
- 2 kopjes cacaoboter (480 g stevige boter)
- 1/2 kopje lucumapoeder
- 1 kopje kokossuiker
- 1/2 theelepel zout

Routebeschrijving

a) Plaats boekweit, nibs en rozijnen in de vriezer voordat je de cacao gaat smelten.

b) Smelt de cacaoboter en cacaopasta samen met een dubbele boiler of een dubbele boiler met warm water.

c) Voeg lucuma, kokossuiker en zout toe en roer voorzichtig tot alles goed gemengd is.

d) Haal van het vuur.

e) Meng de koele boekweit, rozijnen en nibs erdoor.

f) voortdurend roeren.

g) Terwijl alles afkoelt, begint het hele mengsel in te dikken.

h) Werk nu heel snel met uw handen en verkruimel het gecoate mengsel in de trays die u maar wilt (we gebruiken onze massieve vellendroogbakken). De granola wordt nu op kamertemperatuur gebracht, maar je kunt hem ongeveer 15 minuten in de koelkast of vriezer zetten om het proces te versnellen.

i) Bewaar in een luchtdichte verpakking op een koele, donkere plaats, in de zomer misschien in de koelkast.

j) Vult een pot van 3 liter.

26. Chili poppers

Maakt 12 poppers.

Ingrediënten

- 12 verse jalapeno pepers
- 1/2 kop romige notenkaas
- 1/3 kopje gouden lijnzaad, gemalen
- 1/3 kopje water

Routebeschrijving

a) Snijd de zijkant van de chili.

b) Schep de zaadjes eruit met een kleine lepel.

c) Knijp met een spuitzak de romige kaas in elke chili.

d) Meng het lijnzaad en het water ongeveer 45 seconden op de hoogste stand tot een glad beslag.

e) Doop elke chili in het beslag. Voeg meer water toe aan het deeg als het te dik wordt.

f) Droog gedurende 24 uur of tot ze knapperig zijn.

27. Napa-chips met kaas en uien

Maakt ongeveer 5 kommen.

Ingrediënten

- 750 g Chinese kool, geraspt
- 2 kopjes cashewnoten
- 1 kopje water
- 1/4 kopje voedingsgist
- 1/4 kop ui
- 2 theelepels citroensap
- 2 theelepels hete mosterdpoeder
- 1 theelepel knoflook, gehakt - optioneel
- 1/2 theelepel witte peper - optioneel
- grof zout om op het einde te malen

Routebeschrijving

a) Meng alle ingrediënten, behalve kool en zout, op hoge snelheid tot een gladde massa, ongeveer 1 minuut.

b) Voeg toe aan de Chinese kool en masseer in.

c) Leg ze op stevige droogvellen en maal er grof zout over.

d) 12 uur drogen en losmaken van de vaste platen.

e) Droog nog 24-48 uur op de trays of tot ze heel knapperig zijn.

f) Bewaar in een luchtdichte verpakking op een koele, donkere plaats.

28. Gekarameliseerde Noten

Maakt 4 kopjes.

Ingrediënten

- 3 kopjes gemengde noten en zaden - amandelen, hazelnoten, pompoen en zonnebloem
- 1 kopje rozijnen
- 1/2 kopje water
- 1/2 theelepel kaneel
- 1 theelepel sesam
- 1 snufje zout

Routebeschrijving

- Doe alle noten en zaden in een kom en zet apart.

a) Mix al het andere tot een gladde massa.

b) Giet het mengsel over de zaden en noten en meng goed. Zorg dat alles goed bedekt is.

c) Verdeel over stevige theedoeken.

d) Strooi sesamzaadjes erover en plaats ze ongeveer 24 uur in de dehydrator.

e) Losmaken van de vaste platen en nog eens 16-24 uur drogen.

HOOFDGERECHT

29. Rauwe wraps

3 porties

Ingrediënten

- 3 spinazie wraps
- 1 avocado
- sap van 1 citroen
- 1 grote raap
- 1 grote courgette

Routebeschrijving

a) Snijd de bieten en courgette in dunne plakjes op een mandoline, kaasrasp of spiralizer. Aan de kant zetten.

b) Pureer het vruchtvlees van de avocado met het citroensap tot je een vrij glad mengsel krijgt. Verdeel dit over al je wraps.

c) Leg vervolgens in de dun gesneden groenten en wikkel stevig maar voorzichtig.

d) 5 minuten laten rusten, dan met een scherp mes doormidden snijden en genieten maar!

30. Ongekookte ballen zonder vlees

Ingrediënten

- 1 kopje rauwe zonnebloempitten
- ½ kopje + 1 eetlepel rauwe amandelboter
- 4 zongedroogde tomaten, geweekt
- 3 eetlepels verse basilicum, gehakt
- 1 tl notenolie

Routebeschrijving

a) Combineer alle ingrediënten in de keukenmachine en mix tot het mengsel een ruwe textuur heeft.

b) Schep het mengsel in volle theelepels en vorm elke bal.

c) Dit mengsel kan als balletjes over rauwe courgette-noedels worden geserveerd.

31. Rauwe wortel noedels

Porties: 6

Ingrediënten:

- 5 grote wortelen, geschild en in spiraalvorm

- 1/3 kopje cashewnoten

- 2 eetlepels verse koriander, gehakt

- 1/3 kopje gember-limoen pindasaus of een andere rauwe saus

Routebeschrijving

a) Doe alle wortelnoedels in een grote serveerschaal.

b) Giet de gember-limoen-pindasaus over de noedels en schep voorzichtig om

c) Serveer met cashewnoten en vers gesneden koriander.

32. Courgette pasta

Ingrediënten:

- 1 courgette
- 1 kopje tomaten
- 1/2 kop zongedroogde tomaten
- 1.5 Medjool dadels

Routebeschrijving

a) Snijd de courgette met een spiralizer of julienneschiller in noedelvormen.

b) Pureer en mix de overige ingrediënten in een high-speed blender.

33. Mock Sla Sandwich

Maakt 4 porties

Ingrediënten:

- 1 portie aioli mayonaise
- 3 kopjes wortelpasta
- 1 kop gehakte selderij
- ¼ kopje gehakte gele ui
- 2 sneetjes brood

Routebeschrijving

a) Meng in een mengkom de aioli-mayonaise, wortelpulp, selderij en ui. Goed mengen.

b) Stel je boterhammen samen door een kwart van het mengsel tussen twee sneetjes brood te scheppen.

c) Garneer met plakjes tomaat en ijsbergsla. Herhaal dit om de resterende sandwiches te bereiden.

d) De samengestelde sandwiches zijn enkele uren houdbaar. Mock tonijnsalade is 2 dagen houdbaar indien apart gekoeld

34. Bloemkool Broccoli 'Rijst'

Porties: 2-3 porties

Ingrediënten

- 1 kop bloemkool
- 2 kopjes broccoli, gehakt
- 3 groene uien
- ¾ kopje paprika, gehakt
- ¼ kopje edamame

Routebeschrijving

a) Verdeel de bloemkool in roosjes en spoel goed af.

b) Snijd de roosjes in kleinere stukjes en doe een paar handjes tegelijk in de keukenmachine.

c) Pulseer ongeveer 5-10 seconden, als u een blender gebruikt, drukt u de bloemkool naar beneden met een stamper.

d) Doe het bloemkoolmengsel in een kom en roer de overige ingrediënten erdoor.

e) Laat minstens 30 minuten rusten, af en toe roeren.

35. Courgette noodles met pompoenpitten

1-2 porties

Ingrediënten

- 2 kleine courgettes
- 1/4 kop rauwe pompoenpitten
- 2 eetlepels voedingsgist
- 1/4 kopje basilicumblaadjes/andere verse kruiden
- Zoveel notenmelk of water als nodig

Routebeschrijving

a) Snijd voor de noedels de courgette in plakjes op een mandoline of spiralizer. Zet opzij in een grote kom.

b) Pureer voor de saus alle ingrediënten tot een gladde massa (voeg langzaam het water of de notenmelk toe).

c) Masseer de saus in de pasta totdat deze gelijkmatig bedekt is.

d) Laat ze een minuutje staan zodat ze zacht worden en marineren.

36. Vegan loempia's

Porties 4 porties

Ingrediënten

- 6 rijstpapierhoezen
- Snijd 1 wortel in julienne
- Snijd 1/2 middelgrote komkommer in julienne
- 1 rode paprika julienne
- 100 gram of 1 kop rode kool, in plakjes

Routebeschrijving

a) Begin met het weken van het rijstpapier volgens de aanwijzingen op de verpakking.

b) Bereid alle groenten voor voordat je de broodjes gaat samenstellen.

c) Leg je eerste pak op een snijplank en leg een klein deel van je groenteschijfjes er heel stevig op

d) Rol strak op, net als een burrito, en vouw de zijkanten van de rijstpapierrol dubbel.

e) Halveer elke rol en serveer.

37. Champignons gemarineerd met citroen en peterselie

Serveert 2

Ingrediënten

- 6 c. witte champignons
- ½ van 1 zoete witte ui
- c. gehakte peterselie
- c. citroensap
- c. notenolie

Routebeschrijving

a) Meng alle ingrediënten voor de marinade in een kleine kom.

b) Snijd elke paddenstoel ongeveer inch dik en plaats deze in een grote kom.

c) Giet de marinade over de ingrediënten en mix tot alles goed bedekt is.

d) Leeg de champignons in een Ziploc-diepvrieszak van 1 gallon en pers er zoveel mogelijk lucht uit.

e) Zet de champignons minimaal 4 uur in de koelkast. Verwijder ongeveer een keer per uur de zak en draai hem om om de ingrediënten een beetje te roeren.

f) Als er voldoende tijd is verstreken, haal ze dan uit de koelkast, serveer en geniet.

38. Linguine Arrabbiata

Maakt 4 porties.

Ingrediënten

Voor de saus:

- 1 kopje babytomaten
- 1 kopje zongedroogde tomaten, geweekt
- 1 kop rode ui, gesnipperd
- 1/4 kop dadels, geweekt
- 1/2 kopje olijfolie
- 1 theelepel miso
- 1 theelepel zout
- Chili naar smaak

Voor de groenten:

- 4 kopjes gemengde harde groenten, zoals babypompoen of courgette, zoete aardappel en butternut

Routebeschrijving

Saus:

a) Blend alles ongeveer 30 seconden in een high-speed blender of 60 seconden in een gewone blender tot een gladde massa.

b) Goed in te vriezen of een paar dagen in de koelkast te bewaren.

Groenten:

a) Draai de groenten tot linguine of gebruik een dunschiller om fettuccine-linten te maken.

b) Week de linguini in warm water om door te warmen.

c) Giet de arrabbiatasaus in een pan en verwarm zachtjes, onder voortdurend roeren.

d) Giet de groenten af en meng met de saus.

39. Katergarnalen

Opbrengst: 1 porties

Ingrediënt

- 32 ons V-8 sap
- 1 blikje bier
- 3 Jalapeño pepers (of habaneros)
- 1 grote ui; gehakt
- 1 theelepel Zout
- 2 teentjes knoflook; gehakt
- 3 pond Garnalen; geschild en ontdaan

Routebeschrijving

a) Doe alle ingrediënten, behalve garnalen, in een grote pan en breng aan de kook.
b) Garnalen toevoegen en van het vuur halen. Laat ongeveer 20 minuten staan. Garnalen laten uitlekken en koelen.
c) Geformatteerd en betrapt door Carriej999@...

40. Lamsworstrolletjes met harissa yoghurt

Ingrediënten

- 2 eetlepels extra vierge olijfolie
- 1 witte ui, fijngesnipperd
- 3 teentjes knoflook, geperst
- 1 Eetlepels fijngehakte rozemarijn
- 1 theelepel komijnzaad, geplet, plus extra
- 500 g lamsgehakt
- 3 vellen bevroren roomboter bladerdeeg, ontdooid
- 1 ei, licht geklopt
- 250 g dikke yoghurt op Griekse wijze
- 1/4 kop (75 g) harissa of tomatenchutney
- Micromunt om te serveren (optioneel)

Routebeschrijving

a) Verwarm de oven voor op 200C. Verhit olie in een koekenpan op middelhoog vuur. Voeg ui toe en kook 3-4 minuten tot ze zacht zijn. Voeg de knoflook, rozemarijn en komijn toe en kook 1-2 minuten tot ze geurig zijn. Haal van het vuur, laat 10 minuten afkoelen en combineer met gehakt.

b) Verdeel het mengsel over de bladerdeegbladen en leg het langs een rand om een blok te vormen. Rol om te omsluiten en bestrijk de laatste 3 cm deegoverlap met eierwas. Sluit het deeg en snijd het bij.

c) Leg op een met bakpapier beklede bakplaat, met de naad naar beneden en vries 10 minuten in. Hierdoor zijn ze makkelijker te snijden.

d) Snijd elke rol in 4 en leg ze op de bakplaat. Bestrijk met eierwas en bestrooi met extra komijnzaad. Bak 30 minuten of tot het deeg goudbruin is en de broodjes gaar zijn.
e) Roer de harissa door de yoghurt en serveer met de saucijzenbroodjes, bestrooid met munt.

SOEPEN

41. Tsjechische Knoflooksoep

Porties: 4

Ingrediënten

- ½ eetlepel ongezouten boter
- 6 tot 8 teentjes knoflook, geperst (je kunt nog meer gebruiken als je wilt!)
- 6 kopjes kip-, rundvlees- of groentebouillon of bouillon
- Koosjer zout en versgemalen zwarte peper
- 1 pond (ongeveer 2 middelgrote tot grote) vastkokende aardappelen (wit, geel of rood - niet roodbruin), geschild en in blokjes gesneden
- 1 theelepel gedroogde marjolein
- 1 theelepel karwijzaad
- 1 groot ei, losgeklopt (optioneel)
- 3 ons (3 tot 4 sneetjes) roggebrood, in blokjes
- 1 theelepel olijfolie of olijfolie spray
- 4 ons in blokjes gesneden kaas, Emmental, Gruyère of Camembert-schil verwijderd (optioneel)
- 2 eetlepels fijngehakte peterselie

Routebeschrijving

a) Smelt de boter in een middelgrote pan op middelhoog vuur en voeg de knoflook toe.

b) Kook tot ze zacht en aromatisch zijn, ongeveer 4 tot 5 minuten. Voeg de bouillon toe en breng aan de kook op hoog vuur.

c) Breng tijdens het koken op smaak met zout en peper en voeg vervolgens de in blokjes gesneden aardappelen, marjolein en karwijzaad toe. Zet het vuur lager en laat 15 tot 20 minuten sudderen, afgedekt, tot de aardappelen zacht zijn. Pas de kruiden naar behoefte aan.
d) Als je een ei toevoegt, giet het dan langzaam in terwijl je de soep mengt om linten van gekookt ei te maken.
e) Verwarm ondertussen een oven of broodroosteroven tot 350 ° F. Voeg het in blokjes gesneden roggebrood toe aan een kleine bakvorm en besprenkel met olijfolie of besproei met olijfoliespray en gooi met je handen om te coaten.
f) Rooster ongeveer 10 tot 15 minuten, af en toe roerend, tot ze goudbruin en krokant zijn.
g) Serveer de soep bestrooid met croutons en peterselie, en eventueel nog wat kaas erdoor.

42. Katersoep

Opbrengst: 6 porties

Ingrediënt

- ½ pond Poolse worst; dunne plakjes
- 2 plakjes bacon
- 1 ui; gehakt
- 1 Groene paprika; gehakt
- 4 kopjes Runderbouillon
- 1 blik zuurkool van 16 ons; gespoeld;
- 1 kop gesneden verse champignons
- 2 stengels bleekselderij; gesneden
- 2 Tomaten; gehakt
- 2 theelepels Paprika
- 1 theelepel karwijzaad
- ½ kopje zure room
- 2 eetlepels Meel

Routebeschrijving

a) In Nederlandse oven; kook worst en spek tot de worst bruin is en het spek knapperig. Verwijder worst en spek en laat uitlekken; reserve druipen. Verkruimel het spek. Voeg ui en groene peper toe aan drippings; kook tot ze zacht maar niet bruin zijn. Giet het vet af. Roer de gekookte worst en spek, runderbouillon, zuurkool, champignons, bleekselderij, tomaten, paprika en karwijzaad erdoor. Breng aan de kook; verminder hitte.

b) Dek af en laat 45 minuten sudderen. Meng ondertussen zure room en bloem.
c) Roer geleidelijk ongeveer 1 kopje van de hete soep door het zure roommengsel.
d) Breng alles terug naar de Nederlandse oven. Kook en roer tot het dik en bruisend is.
e) Kook en roer nog 1 minuut.

43. Koreaanse Katersoep

Ingrediënten

- 1 kg runderbot
- Water

Routebeschrijving

a) Week de runderbotten minimaal 1 uur in koud water om het bloed eruit te trekken. Spoel de botten in koud water.

b) Doe de botten in een grote pan gevuld met kokend water. Kook gedurende 5-10 minuten. Laat dit water vervolgens weglopen om overtollig vet en onzuiverheden te verwijderen.

c) Voeg opnieuw schoon water toe aan de botten. Laat minstens een dag sudderen tot je een melkachtige en dikke bouillon krijgt.

d) Koel de bouillon enkele uren. Je kunt zien dat vet naar boven drijft en hard wordt. Verwijder het vaste vet van de bovenkant.

44. Bietensoep

Ingrediënten

- 1 grote biet
- 1 kopje water
- 2 snufje komijnpoeder
- 2 snufjes peper
- 1 snufje kaneel
- 4 snufjes zout
- Knijp citroen
- $\frac{1}{2}$ Eetlepel ghee

Routebeschrijving

a) Kook de rode biet en schil hem.
b) Meng met het water en filter indien gewenst.
c) Kook het mengsel, voeg de overige ingrediënten toe en serveer.

45. Gemengde Dalsoep

Ingrediënten

- 1/2 kopje dal
- 1 ½ kopje water
- ½ Eetlepel kurkuma
- 1 eetlepel olie
- ½ Eetlepel mosterdzaadjes
- ½ Eetlepel komijnzaad
- 5-6 kerrieblaadjes
- ½ Eetlepel gember - geraspt
- ½ Eetlepel korianderpoeder
- Knijp asafetida
- Vers geraspte kokos optioneel
- Zout en rietsuiker/bruine suiker naar smaak
- Verse koriander

Routebeschrijving

a) Doe water en dal in een grote pan of snelkookpan en voeg kurkuma toe. Breng aan de kook en kook tot het dal zacht is.
a) Verhit in een aparte pan de olie, voeg het mosterdzaad toe, dan komijnzaad, kerrieblaadjes, gember, korianderpoeder en asafoetida.
b) Voeg naar smaak kokos, zout en rietsuiker toe.
c) Garneer met verse koriander en kokos.

46. Koepel-rustgevende soep

Ingrediënten

- 1 eetlepel extra vergine olijfolie
- 1 gele ui, gesnipperd
- 2 teentjes knoflook, fijngehakt
- 2 (9-ounce) zakken babyspinazie
- 1 handvol verse munt, grof gehakt
- 2 plakjes gember, ongeveer de grootte van een kwart, geschild (optioneel)
- 1 kop kippenbouillon (gebruik groentebouillon of water om dit vegetarisch te maken)
- 2 snufjes zout

Routebeschrijving

a) Verhit de olie in een pan op middelhoog vuur. Voeg ui en knoflook toe en bak tot de ui glazig is. Pas op dat de knoflook niet verbrandt. Voeg spinazie, munt en gember toe, indien gebruikt.

b) Als de spinazie begint te slinken, voeg je bouillon of water en zout toe. Als de spinazie helemaal gaar is, haal van het vuur.

c) Mix met een staafmixer of doe het in porties in een blender en pureer tot een gladde massa.

47. Witte Pompoen-Kokossoep

Ingrediënten
- 1 middelgrote witte pompoen
- komijnzaad
- Curry bladeren
- Verse korianderblaadjes
- Zout en suiker naar smaak
- Kokos naar smaak

Routebeschrijving
a) Kook de kalebas en mix tot een vloeistof.
b) Meng de kalebaspulp en het water (behoudens het koken) tot de gewenste dikte.
c) Voeg komijnzaad en kerrieblaadjes toe.
d) Voeg suiker en zout naar smaak toe. Aan de kook brengen.
e) Garneer met verse korianderblaadjes en kokos.

48. Hele Mung Soep

Ingrediënten
- ½ kopje mungbonen, heel
- 1 kopje water
- ¼ Eetlepel komijnpoeder
- 4-6 druppels citroen
- ½ Eetlepel plantaardige olie/ghee optioneel
- Zout naar smaak

Routebeschrijving
a) Week de mungbonen een nacht of 10 uur.
b) Kook de mungbonen in het water of in een snelkookpan (2 fluitjes) tot ze zacht zijn.
c) Meng de mungbonen en het water tot een glad mengsel. Aan de kook brengen.
d) Voeg citroen, komijnpoeder, ghee en zout toe.

49. Gouden Kurkuma Bloemkoolsoep

Ingrediënten

- 6 volle kopjes bloemkoolroosjes
- 3 teentjes knoflook, fijngehakt
- 2 eetlepels plus 1 eetlepel druivenpit-, kokos- of avocado-olie, verdeeld
- 1 Eetlepel Kurkuma
- 1 Eetlepel gemalen komijn
- $\frac{1}{8}$ Eetlepel gemalen rode pepervlokken
- 1 middelgrote gele ui of venkelknol, gesnipperd
- 3 kopjes groentebouillon
- $\frac{1}{4}$ kopje volle kokosmelk, geschud, om te serveren

Routebeschrijving

a) Verwarm de oven voor op 450°. Meng in een grote kom bloemkool en knoflook met 2 eetlepels olie tot ze goed bedekt zijn.

b) Voeg kurkuma, komijn en rode pepervlokken toe en gooi om gelijkmatig te coaten. Verspreid bloemkool op een bakplaat in een enkele laag en bak tot ze bruin en zacht zijn, 25-30 minuten.

c) Verhit ondertussen in een grote pan of Nederlandse oven de resterende 1 eetlepel olie op middelhoog vuur. Voeg de ui toe en kook 2-3 minuten, tot hij glazig is.

d) Als de bloemkool gaar is, haal je hem uit de oven. Reserveer 1 kop tot soep. Neem de resterende bloemkool en voeg deze toe aan een middelgrote pan met ui en giet de groentebouillon erbij. Breng aan de kook, dek af en kook op laag vuur, 15 minuten.

e) Mix de soep tot een gladde puree met een staafmixer, of laat hem afkoelen en pureer in porties met een gewone blender.

f) Serveer gegarneerd met gereserveerde geroosterde bloemkool en een scheutje kokosmelk.

50. Immuniteit Soep

Opbrengst voor 8

Ingrediënten
- 2 eetlepels olijfolie
- 1 1/2 kopjes gesnipperde ui
- 3 stengels bleekselderij, in dunne plakjes
- 2 grote wortelen, in dunne plakjes
- 1-pond voorgesneden vitamine D-versterkte champignons
- 10 middelgrote teentjes knoflook, fijngehakt
- 8 kopjes ongezouten kippenbouillon
- 4 takjes tijm
- 2 laurierblaadjes 1 blikje ongezouten kikkererwten, uitgelekt
- 2 pond kippenborsten zonder vel, zonder been
- 1 1/2 theelepels koosjer zout
- 1/2 theelepel gemalen rode peper
- 12 ons boerenkool, stelen verwijderd, bladeren gescheurd

Routebeschrijving
a) Verhit olie in een grote Nederlandse oven op middelhoog vuur
b) Voeg ui, selderij en wortelen toe; kook, af en toe roerend, 5 minuten. Voeg champignons en knoflook toe; kook, vaak roerend, 3 minuten. Roer de bouillon, tijm, laurierblaadjes en kikkererwten erdoor; aan de kook brengen. Voeg kip, zout en rode peper toe; dek af en laat sudderen tot de kip gaar is, ongeveer 25 minuten.
c) Haal de kip uit de Nederlandse oven; enigszins afkoelen. Versnipper vlees met 2 vorken; botten weggooien. Roer kip en boerenkool door soep; dek af en laat sudderen tot boerenkool net zacht is, ongeveer 5 minuten. Gooi de takjes

tijm en laurierblaadjes weg.

51. Spinaziesoep

Serveert 2

- 4 inch (10 cm) komkommer
- 2 avocado's
- 3 ½ ons (100 g) babyspinazie
- 10-13 fluid ounces (300-400 ml) water
- 2 eetlepels peterselie, gehakt
- ½ bosje verse basilicum
- 2 eetlepels bieslook, gesnipperd
- ½ eetlepel limoensap een snufje zout

Routebeschrijving

a) Snijd komkommer en avocado in grote stukken.
b) Meng spinazie en water in een blender of keukenmachine, te beginnen met 300 ml water.
c) Voeg de overige ingrediënten toe en mix opnieuw. Voeg beetje bij beetje meer water toe om de juiste consistentie te krijgen en proef of er meer limoen of zout nodig is.

52. Energiesoep

1 portie

Ingrediënten:

- 1 stengel bleekselderij
- 1 appel
- ½ komkommer
- 1 ounce (40 g) spinazie ½ kopje (100 ml) alfalfaspruiten eetlepels citroensap
- ½ -2 kopjes (300-500 ml) water
- avocado
- kruidenzout naar smaak

Routebeschrijving

a) Snijd bleekselderij, appel en komkommer in stukjes.
b) Meng alle ingrediënten behalve de avocado, te beginnen met 300 ml water. Voeg de avocado toe en mix opnieuw.
c) Voeg indien nodig meer water toe en breng op smaak met kruidenzout.

53. Shiitake Champignonsoep

Maakt 6 porties

Ingrediënten

- 6 kopjes gedroogde shiitake-paddenstoelen
- 10 kopjes water
- 2 eetlepels Nama shoyu
- 1 eetlepel vers gesneden bieslook

Routebeschrijving

a) Doe de champignons en het water in een grote bak, dek af en zet ongeveer 8 uur in de koelkast.

b) Als je klaar bent, giet je het paddenstoelenwater af in een andere kom of bak.

c) Roer de nama shoyu door de paddenstoelenbouillon.

d) Verwijder de steeltjes van de champignons en gooi ze weg en hak de hoedjes fijn.

e) Voeg de gesneden champignons toe aan de bouillon en garneer met de gehakte bieslook.

54. Rode Paprikasoep

Maakt 4 porties

Ingrediënten

- 16 rode paprika's, zonder klokhuis
- 2 rijpe avocado's, gepureerd
- 2 eetlepels pure ahornsiroop
- 1 theelepel fijn geraspte mierikswortel
- Uienpoeder naar smaak

Routebeschrijving

a) Pers de rode pepers uit en verwijder het vruchtvlees.

b) Meet 6-7 kopjes pepersap af in een grote kom.

c) Roer de avocado, ahornsiroop en mierikswortel door het sap tot alles goed gemengd is.

d) Kruid met het uienpoeder.

55. Wortel Gember Soep

3 porties

Ingrediënten:

- 1½ kopjes wortelen, fijngehakt
- 1 eetlepel ongepasteuriseerde witte miso
- 1 tl verse gemberwortel, fijngehakt
- 1 teentje knoflook
- 2 kopjes zuiver water

Routebeschrijving

a) Meng alle ingrediënten behalve ¾ kopje wortelen.

b) Giet de gemengde ingrediënten over de wortelen en serveer.

c) Dit is geweldig voor het opbouwen van longkracht.

56. Champignonsoep

Ingrediënten:

- 3 kopjes Portobello of andere gastronomische paddenstoelen, in dunne plakjes
- 2 kopjes warm water
- 1 kop peterselie
- 1/2 kopje olijfolie
- 1/4 kop tamari
- 1 grote avocado

a) Meng de champignons met de olijfolie en de tamari in een kom en laat ongeveer 1 uur staan, af en toe omdraaien.

b) Klop de avocado en het hete water samen tot een gladde massa, ongeveer 15 seconden.

c) Doe de champignons met hun marinade en peterselie in de blender en pureer ze een of twee keer. Maakt ongeveer 1,5 liter.

SALADES

57. Kool met cranberry

1 portie

Ingrediënten:

- ½ kleine koolkop
- 1 eetlepel olijfolie
- 2 theelepels citroensap
- ½ eetlepel appelciderazijn
- ½ kopje (100 ml) veenbessen, vers of bevroren en ontdooid
- ¼ kopje (50 ml) pompoenpitten, geweekt

Routebeschrijving

a) Snijd de kool fijn en doe in een kom. Schenk de olijfolie, het citroensap en de appelciderazijn erbij.
b) Meng met je handen tot de kool zacht wordt. Voeg de veenbessen en pompoenpitten toe en meng.

58. Pittige Groente Salade

Ingrediënten

- pittige mix - olie verhitten, mosterdzaad toevoegen, als ze knappen komijnzaad toevoegen, dan kerrieblaadjes en asafoetida
- Zout en suiker
- Citroen/limoensap
- Verse korianderblaadjes
- Vers geraspte kokos

Routebeschrijving

a) Snijd verse groenten en stoom indien nodig.
b) Voeg eventueel andere ingrediënten naar smaak toe. Voeg op het einde de pittige basismix toe. (verhit in een aparte pan olie en voeg de kruiden toe, voeg dan de mix toe aan de groenten)
c) Meng alles door elkaar en serveer.

59. Bietensalade

Ingrediënten
- 1/2 kop gekookte rode biet – gehakt
- 1 eetlepel plantaardige olie
- 1/4 Eetlepel mosterdzaad
- 1/4 Eetlepel komijnzaad
- Knijp kurkuma
- 2 snuifje asafoetida
- 4-5 kerrieblaadjes
- Zout naar smaak
- Suiker naar smaak
- Vers gehakte korianderblaadjes

Routebeschrijving
a) Verhit olie en voeg mosterdzaad toe.
b) Als ze knallen, voeg je de komijn toe, dan de kurkuma, de kerrieblaadjes en de asafoetida.
c) Voeg het kruidenmengsel toe aan de rode biet, samen met het zout, de suiker en de korianderblaadjes naar smaak.

60. Salade van kool en granaatappel

Ingrediënten
- 1 kop kool – geraspt
- granaatappel
- ¼ Eetlepel mosterdzaadjes
- ¼ Eetlepel komijnzaad
- 4-5 kerrieblaadjes
- Knijp asafoetida
- 1 eetlepel olie
- Zout en suiker naar smaak
- Citroensap naar smaak
- Verse korianderblaadjes

Routebeschrijving
a) Verwijder de zaadjes uit de granaatappel.
b) Meng granaatappel met kool.
c) Verhit olie in een pan en voeg de mosterdzaadjes toe. Als ze knappen, voeg je het komijnzaad, de kerrieblaadjes en de asafoetida toe. Voeg het kruidenmengsel toe aan de kool.
d) Voeg naar smaak suiker, zout en citroensap toe. Goed mengen.
e) Garneer eventueel met koriander.

61. Wortel-granaatappelsalade

Ingrediënten

- 2 wortelen – geraspt
- granaatappel
- $\frac{1}{4}$ Eetlepel mosterdzaadjes
- $\frac{1}{4}$ Eetlepel komijnzaad
- 4-5 kerrieblaadjes
- Knijp asafoetida
- 1 eetlepel olie
- Zout en suiker naar smaak
- Citroensap – naar smaak
- Verse korianderblaadjes

Routebeschrijving

a) Verwijder de zaadjes uit de granaatappel.
b) Meng granaatappel met wortel.
c) Verhit olie in een pan en voeg de mosterdzaadjes toe. Als ze knappen, voeg je het komijnzaad, de kerrieblaadjes en de asafoetida toe. Voeg het kruidenmengsel toe aan de wortel.
d) Voeg naar smaak suiker, zout en citroensap toe. Goed mengen.
e) Garneer eventueel met koriander.

62. Komkommer salade

Ingrediënten

- 2 komkommers – geschild en in stukjes
- Suiker en zout naar smaak
- 2 -3 Eetlepels geroosterde amandelpoeder – of naar smaak
- 1 eetlepel olie
- 1/8 Eetlepel mosterdzaad
- 1/8 Eetlepel komijnzaad
- Knijp asafoetida
- 4-5 kerrieblaadjes
- Citroensap – naar smaak

Routebeschrijving

a) Verhit de olie in een pan. Voeg de mosterdzaadjes toe. Als ze knappen, voeg je het komijnzaad, de asafoetida en de kerrieblaadjes toe.
b) Voeg het kruidenmengsel toe aan de komkommers.
c) Voeg naar smaak zout, suiker en citroen toe.
d) Voeg het amandelpoeder toe en meng goed.

63. Kater Helper Salade

Ingrediënten:

- 3 kopjes gehakte greens
- ¼ bol venkel, dun gesneden
- ½ kopje gehakte gekookte broccoliroosjes
- ½ kopje gehakte bieten
- 1 tot 2 eetlepels extra vierge olijfolie
- Sap van ½ citroen

Routebeschrijving

a) Meng in een grote kom de greens, venkel, broccoli en bieten.
b) Besprenkel met olijfolie en citroensap.

64. Pasta Gooi

Ingrediënten:

- 1 (16-ounce) pakket pasta naar keuze
- 1 eetlepel extra vergine olijfolie
- 2 teentjes knoflook, fijngehakt
- 1 (14-ounce) blik artisjokharten, uitgelekt en gehakt
- Versgemalen zwarte peper, naar smaak

Routebeschrijving

a) Breng een grote pan water aan de kook. Pasta toevoegen en koken volgens de aanwijzingen op de verpakking.
b) Terwijl de pasta kookt, verwarmt u olie in een grote koekenpan op middelhoog vuur. Voeg knoflook toe en verwarm 1 minuut. Voeg artisjokken toe en kook tot ze zacht zijn, ongeveer 7 minuten.
c) Als de pasta gaar is, afgieten en direct toevoegen aan de pan. Gooi met groenten en breng op smaak met zwarte peper, indien gewenst.

65. Geluk Salade

Ingrediënten:

- 2 kopjes babyspinazie
- ½ avocado, in blokjes gesneden
- 1 kop bieten, in blokjes gesneden
- ¼ kopje hazelnoten
- 2 eetlepels extra vierge olijfolie
- 1 eetlepel balsamico azijn

Routebeschrijving

a) Doe spinazie, avocado, bieten en hazelnoten in een kom. Kleed je aan met olie en azijn.
b) Gooi en geniet.

66. Daikon Radijssalade

Ingrediënten
- 2 radijs
- 3 eetlepels geroosterde chana dal
- Citroen naar smaak
- 1/2 eetlepel komijnzaadpoeder
- Suiker naar smaak
- Verse korianderblaadjes
- Zout naar smaak

Routebeschrijving
a) Rasp de radijs fijn, inclusief de groene toppen.
b) Voeg alle ingrediënten toe en meng goed.
c) Garneer met koriander.

67. Rauwe Pompoensalade

Ingrediënten
- 1 kop geraspte pompoen
- ¼ Eetlepel mosterdzaadjes
- ¼ Eetlepel komijnzaad
- 4-5 kerrieblaadjes
- Knijp asafoetida
- 1 eetlepel olie
- Zout en suiker naar smaak
- Verse korianderblaadjes

Routebeschrijving
a) Verhit olie in een pan en voeg de mosterdzaadjes toe. Als ze knappen, voeg je het komijnzaad, de kerrieblaadjes en de asafoetida toe.
b) Voeg het kruidenmengsel toe aan de geraspte pompoen.
c) Voeg suiker, zout naar smaak toe.

68. Salade met rode kool en grapefruit

Porties: 4

Ingrediënten:

- 4 kopjes dun gesneden rode kool
- 2 kopjes gesegmenteerde grapefruit
- 3 eetlepels gedroogde veenbessen
- 2 eetlepels pompoenpitten

Routebeschrijving

a) Doe de ingrediënten voor de salade in een grote mengkom en meng.

69. Zoete rode koolsalade

Maakt 4 porties.

Ingrediënten:

- 4 kopjes rode kool, versnipperd
- 1 kop appels, in dunne plakjes gesneden
- 1 kop wortelen, julienne gesneden of geraspt
- 1/2 kop lente-uitjes, in dunne plakjes gesneden
- 1/4 kop rozijnen of krenten
- 3 theelepels olijfolie
- 2 theelepels honing of agave
- 1 theelepel azijn, druiven- of appelcider
- 1 snufje zout
- Peper, versgemalen naar smaak

Routebeschrijving

a) Meng alle ingrediënten in een kom en laat onder regelmatig roeren 2 uur marineren op kamertemperatuur.

b) U kunt ook alles mengen en een nacht in de koelkast laten marineren.

70. Thaise Som Thum-salade

Maakt 4-6 porties.

Ingrediënten:

- 1 theelepel verse chili, in dunne plakjes gesneden
- 1 theelepel verse gember, gehakt
- 1 theelepel verse knoflook, gesnipperd
- 1 theelepel limoen- of citroenschil
- 3 theelepels limoen- of citroensap
- 1 theelepel olie, lichte sesam of macadamianoot
- 1 kop papaja, schaafsel
- 1/4 theelepel zout
- 1 kop komkommer, julienne gesneden
- 1 kopje daikon-radijs, julienned
- 1 kop verse koriander, grof gehakt

Routebeschrijving

a) Meng alles behalve de papaya en laat ongeveer 10 minuten marineren.

b) Voeg vlak voor het serveren de papayakrullen toe en keer heel voorzichtig om.

71. Romige salade van pompoenpitten en venkel

Maakt 2 porties.

Ingrediënten:

- 1 kop venkelknol en stengel, in dunne plakjes gesneden
- 1 kop selderij, in dunne plakjes gesneden
- 1 kopje pompoenpitten
- 1 kopje water
- 1/4 kopje citroensap
- 2 afspraken
- 1/4 theelepel zwarte peper
- 1/2 theelepel zout

Routebeschrijving

a) Doe de venkel en bleekselderij in een kom en zet apart.

b) Klop de resterende ingrediënten tot een gladde massa, ongeveer 30 seconden.

c) Giet over de venkel en bleekselderij, zorg dat alles onder staat.

d) Toevoeging: strooi er zaden zoals pompoen-, zonnebloem-, sesam- of hennepzaad over.

72. Salade van babytomaat, rode ui en venkel

Maakt 2-4 porties.

Ingrediënten:

- 1 hele venkel, bol en bladeren
- 2 kopjes babytomaten
- 1/2 kop rode ui
- 1/4 kopje olijfolie
- 1 theelepel kruidenzout

Routebeschrijving

a) Snijd de venkel en rode ui in dunne plakjes.

b) Snijd de tomaten in 2-3 stukken.

c) Gooi alles door elkaar.

d) Serveer op een bedje van bladeren of gewoon zo.

NAGERECHT

73. Zachte kaasbroodjes

Maakt 2 rollen.

Ingrediënten

- 2 kopjes macadamianoten
- 1/3 kopje water
- 2 theelepels citroensap
- 1/2 theelepel zout

Routebeschrijving

a) Plaats alle ingrediënten in de blender en gebruik de stamper om het mengsel stevig in de messen te drukken en mix op hoog tot een gladde massa, ongeveer 1 minuut.

b) Zet ongeveer 2 uur in de koelkast om het mengsel op te laten stijven.

c) Bereid de coating voor voordat u het mengsel uit de koelkast haalt.

d) Hak je coating Ingredienten zo fijn mogelijk en spreid ze uit op een bord.

e) Verdeel het mengsel in 2 en vorm er grofweg rolletjes van.

f) Rol ze in de coating en serveer.

g) Bewaar 2-3 dagen in de koelkast.

74. Mini worteltaartjes met sinaasappel

Maakt 12-14 kleine cakes.

Ingrediënten

- 1 kop dadeljam - 50/50 ontpitte dadels en
- 1 kopje sinaasappelsap
- 1/2 kopje water
- 3 theelepels kokosolie
- 2 theelepels agave of honing
- 1/2 tl vanillepoeder
- 1/2 kop rozijnen
- 1 theelepel gember, vers geperst of fijngehakt of in poedervorm
- 2 theelepels kruidenmix
- 1 theelepel sinaasappelschil
- 1 theelepel nootmuskaat
- 1 theelepel zout

Glazuur:

- 1/4 theelepel zout

- 1/2 kopje cashewnoten

Routebeschrijving

a) Plet de amandelen in een keukenmachine met het S-mes of in een zware plastic zak met een deegroller.

b) Meng alle cake-ingrediënten in een grote kom.

c) Meet porties van 1/3 kop af op stevige bakplaten en vorm ze tot individuele rondjes van ongeveer 10 mm dik.

d) Droog ca. 6 uur, los van de vaste platen en droog nog eens 2 uur.

e) 1De cake is gaar als hij van buiten krokant en van binnen vochtig is.

f) 1Pureer alle ingrediënten voor het glazuur in een hogesnelheidsblender en verdeel over de cakes. Je kunt de taarten een paar uur in de koelkast laten opstijven.

g) Garneer met geraspte wortelreepjes en geraspte nootmuskaat.

h) Zonder glazuur 2 dagen houdbaar in de koelkast.

75. Mini Limoentaartjes

Maakt ongeveer 14 taartjes.

Ingrediënten

korsten:

- 2 kopjes zaden en/of noten
- 1/2 kopje citroensap
- 1/2 kop dadels, ontpit en gehakt
- 1/2 kopje honing
- 1/2 kopje kokosolie
- 1 theelepel vanillepoeder
- 1/2 kopje cacaoboter
- 1 snufje zout

Vulling:

- 4 avocado's

Routebeschrijving

korsten:

a) Smelt de cacaoboter in een waterbad.

b) Verwerk de zaden en/of noten tot grove bloem in de keukenmachine met het S-mes.

c) Meng alle ingrediënten voor de korst en druk ze in flexibele siliconenvormen.

d) Koel tot het stevig is en draai dan uit de vormen.

Vulling:

e) Klop alle ingrediënten voor de vulling tot een gladde massa, ongeveer 5 minuten.

f) Giet de vulling in elk klein kopje en werk af met een strudel.

g) Zet 6 uur in de koelkast.

h) Serveer uit de koelkast.

76. Mini cacaomousse taarten

Ingrediënten

Korst:

- 2 kopjes zaden en/of noten
- 1/2 kop dadels, ontpit en gehakt
- 1/4 kopje kokosolie, gesmolten
- 1 snufje zout

mousse:

- 6-10 avocado's
- 1 1/4 kop cacaopoeder
- 1 1/4 kop honing of agave
- 2 druppels etherische olie van pepermunt

Routebeschrijving

Korst:

a) Maal de zaden en/of noten fijn in een keukenmachine voorzien van het S-mes. Met de hand hakken kan ook!

b) Meng alle ingrediënten voor de korst in een kom en kneed tot het plakkerig en deegachtig is.

c) Druk in een springvorm, zodat de bodem gelijkmatig bedekt is.

mousse:

a) Doe alle mousse-ingrediënten in je keukenmachine voorzien van een S-mes en verwerk ze ongeveer vijf minuten.

b) Zorg dat alles goed gemengd en zijdezacht is.

c) Giet de mousse in de vorm en zet 8 uur in de koelkast.

d) Blijft een paar dagen goed in de koelkast.

77. Chocolade toffee

Maakt ongeveer 40 stuks.

Ingrediënten

- 1 kopje dadels, ontpit
- 1 kopje kokosolie
- 1/2 kopje water
- 1/2 kop cacaopoeder
- 1 theelepel vanillepoeder
- 1 snufje zout

Routebeschrijving

a) Bedek de dadels met water en laat ze zacht worden - gebruik warm water om dit proces te versnellen.

b) Doe alles bij elkaar in een keukenmachine en verwerk met het S-Blade tot een glad en gemengd mengsel. Dit duurt maximaal 20 minuten en is zeker de moeite waard.

c) Giet in een ondiepe kom en laat opstijven in de koelkast.

d) Snijd in vierkanten na ongeveer 3-4 uur.

e) Bewaar ze in een luchtdichte verpakking in de koelkast.

78. Rauwe Chocolade Avocado Pudding

Opbrengst: Voor 2 personen

Ingrediënten

Basis Chocolade Avocado Pudding

- 1 grote avocado (of 2 kleine), schil en zaadjes verwijderd
- 1 rijpe banaan, gepeld
- 3-4 eetlepels cacaopoeder
- 3-4 eetlepels pure ahornsiroop, kokosnectar of dadelsiroop
- 1 theelepel vanille-extract
- 1/4 theelepel kaneel, optioneel

smaak combinatie

- 1/2 kopje vers geperst sinaasappelsap, + meer indien nodig
- 1 theelepel of zo sinaasappelschil, optioneel

Routebeschrijving

a) Combineer in een blender de ingrediënten voor de basispudding (samen met een van de smaakcombinaties) en pureer tot het romig is, stop zo nodig om de zijkanten af te schrapen.

b) Voeg indien nodig een paar eetlepels water toe om de gewenste consistentie te bereiken. Ik gebruik meestal 1/2 kopje water, tenzij ik sinaasappelsmaak maak. Proef de smaak en pas dienovereenkomstig aan.

c) Pudding kan op kamertemperatuur worden geserveerd, maar ik vind hem het best een paar uur gekoeld in de koelkast.

d) Serveren: Garneer met een klodder opgeklopte kokosroom en geraspte donkere chocolade, cacao nibs of johannesbroodchips.

SMOOTHIES

79. Groene smoothie

Maakt 4 kopjes

Ingrediënten

- 2 kopjes gehakte groenten, zoals romaine sla, boerenkool of boerenkool

- 2 kopjes fruit, zoals gesneden banaan, in blokjes gesneden mango of bosbessen

- 2 kopjes gefilterd water, naar wens

Routebeschrijving

a) Doe alle ingrediënten in een krachtige blender en mix tot een gladde massa.

b) Maximaal 1 dag houdbaar in de koelkast, maar het lekkerst is het meteen.

80. Ananas Munt Smoothie

Serveert 2

Ingrediënten:

- 3 kopjes verse ananas, in blokjes gesneden
- 1/4 kop verse muntblaadjes, losjes verpakt
- 1/2 kopje koud water

Routebeschrijving

a) Combineer alle ingrediënten in een blender.

b) Mix tot een gladde massa.

c) Voeg een beetje meer water toe als je blender daarom vraagt.

d) Meteen genieten.

81. Kersen Kokos Smoothie

Porties: 2

Ingrediënten

- 2 kopjes bevroren ontpitte kersen
- 1 kopje kokoswater
- 1 eetlepel vers limoensap

Routebeschrijving

a) Doe alle ingrediënten in een blender en mix tot een gladde massa.

b) Dienen

82. Mango noten yoghurt smoothie

Porties: 1

Ingrediënten

- 1 rijpe mango
- 2 eetlepels notenyoghurt
- 1/4 theelepel kaneel

Routebeschrijving

a) Zet de mango 30 minuten in de vriezer om af te koelen. Als je haast hebt, kun je deze stap overslaan en in plaats daarvan 2 ijsblokjes toevoegen aan de smoothie.

b) Verwijder de schil van de mango met een dunschiller,

c) Snijd de mango in middelgrote stukken, bewaar ongeveer 1 theelepel mango om later te gebruiken om de smoothie te garneren.

d) Doe mango, notenyoghurt en 1/4 theelepel kaneel in een blender.

e) Mix 2-3 minuten op de hoogste stand of tot het mengsel romig is.

f) Giet in een mok, bedek met de omgekeerde mango en bestrooi licht met kaneel.

83. Tropische mandarijnensmoothie

Ingrediënten:

- 2 mandarijnen geschild en in partjes
- 1/2 kop ananas
- 1 bevroren banaan

Routebeschrijving

a) Meng met 1/2 tot 1 kopje vloeistof.

b) Genieten van

84. PB en Aardbeien Smoothie

Ingrediënten:

- 1 kopje bevroren aardbeien
- 1 grote banaan in plakjes
- 1-2 eetlepels rauwe pindakaas

Routebeschrijving

a) Meng met 1/2 tot 1 kopje vloeistof.

85. Wortel Mango Kokos

Ingrediënten:

- 1 grote geraspte wortel
- 1 kop bevroren mango
- 1-2 eetlepels ongezoete kokos, geraspt

Routebeschrijving

a) Meng met 1/2 tot 1 kopje vloeistof.

b) Genieten van

86. Gember Pina Colada

Ingrediënten:

- 2 kopjes bevroren ananas
- 1 limoen geschild en in schijfjes
- 1/2-inch stuk gember, in dunne plakjes gesneden

Routebeschrijving

a) Meng met 1/2 tot 1 kopje vloeistof.

b) Genieten van

87. Kersen Bosbessen Boerenkool

Ingrediënten:

- 1 kop boerenkool
- 1 kop kersen
- 1/2 kopje bosbessen

Routebeschrijving

a) Meng met 1/2 tot 1 kopje vloeistof.

b) Genieten van

88. Framboos Banaan Chia

Ingrediënten:

- 1 1/2 kop bevroren frambozen
- 1 grote banaan in plakjes
- 1 eetlepel chiazaad

Routebeschrijving

a) Meng met 1/2 tot 1 kopje vloeistof.

b) Genieten van

89. Goji, mango en baobab smoothie bowl

Maakt 3 kopjes.

Ingrediënten:

- 2 kopjes water
- 1 mango
- 1/4 kopje goji-bessen of een andere bes
- 5 dadels, ontpit en geweekt
- 2 theelepels baobabpoeder

Routebeschrijving

e) Blend alles ongeveer 30 seconden in een high-speed blender of 60 seconden in een gewone blender.

90. Cafeïnevrije yogathee

Ingrediënten:

- 10 ons water (ongeveer 1 1/3 kopjes)
- 3 hele kruidnagels
- 4 hele groene kardemompeulen, gebarsten
- 4 hele zwarte pepers
- ½ stok kaneel
- ¼ theelepel kamillethee
- ½ kopje amandelmelk
- 2 plakjes verse gemberwortel

Routebeschrijving:

a) Breng water aan de kook en voeg kruiden toe.
b) Dek af en kook 15 tot 20 minuten, voeg dan kamillethee toe.
c) Laat een paar minuten staan, voeg dan de amandelmelk toe en breng weer aan de kook. Laat het niet overkoken.
d) Als het kookt, haal het dan onmiddellijk van het vuur, zeef en zoet met honing, indien gewenst.

91. Artisjokwater

Ingrediënten:

- 2 artisjokken

Routebeschrijving

a) Snijd de stelen van de artisjokken en snijd de bovenste centimeter van de bladeren.
b) Vul een grote pan met water en breng aan de kook. Voeg artisjokken toe en kook 30 minuten, of totdat je de onderste bladeren van de artisjok gemakkelijk kunt verwijderen.
c) Verwijder artisjokken en bewaar voor een snack.
d) Laat het water afkoelen en drink er dan een kopje van.
e) Dit zal je lever helpen zichzelf en je hele lichaam te ontgiften.

92. maagd Maria

Ingrediënten

- 3 ons tomatensap
- 1/2-ounce citroensap
- 1 scheutje Worcestershiresaus
- 1 theelepel selderijzout
- Vers gemalen zwarte peper
- 2 scheutjes hete saus
- 1 stengel bleekselderij, voor garnering
- 1 augurk speer, voor garnering

Routebeschrijving

a) Schenk het tomatensap en het citroensap in een glas gevuld met ijsblokjes.
b) Goed mengen.
c) Voeg de Worcestershire-saus, zout, peper en hete saus naar smaak toe.
d) Garneer eventueel met de stengel bleekselderij of augurk. Serveer en geniet!

93. Natuurlijk vitaminewater

Serveert 4

Ingrediënten
- Vier kopjes koude kokos- of mineraalwater
- 1 citroen
- een handvol muntblaadjes
- plakje verse gemberwortel
- 1 kleine komkommer
- handvol bevroren frambozen
- handvol bevroren bosbessen
- optioneel: 1 eetlepel appelciderazijn

Routebeschrijving
a) Giet het water of kokoswater in een kan en voeg de citroen, komkommer, muntblaadjes en bessen toe.
b) Voeg een scheutje appelciderazijn toe als je dapper bent. Laat het water vervolgens ongeveer dertig minuten staan om de smaken erin te laten trekken.
c) Geniet van een gelukkige kater!

94. Ananas detox tonic in glas

Ingrediënten

- 12 ons rauw kokoswater
- 1/2 kopje gefilterd water
- 1 groene appel (zonder klokhuis en in stukjes)
- 1 kop verse ananasstukjes
- Sap van 1 limoen
- Sap van 1 citroen
- 1/4 kop verse muntblaadjes
- 2 groene appels (in vieren)
- 3 kopjes verse ananasstukjes
- 1 kopje verse muntblaadjes
- 1 limoen (geschild en gehalveerd)
- 1 citroen (geschild en gehalveerd)
- 12 ons rauw kokoswater
- 1/2 kopje gefilterd water (optioneel)

Routebeschrijving

a) Giet het kokoswater en het gefilterde water in de blenderkan en voeg de overige ingrediënten toe.

b) Mix op hoge snelheid tot het heel glad is. De drank kan worden gezeefd in een notenmelkzak of zeef als je niet van pulp houdt, maar we houden van deze drank omdat hij vers uit de blender komt.

c) Dit sap is 24 uur houdbaar in de koelkast.

95. Gemberthee

Opbrengst: 1 kop

Ingrediënten

- 1 inch stuk verse gember (niet nodig om te schillen), in stukjes gesneden die niet breder zijn dan ¼-inch
- 1 kopje water
- Optionele smaakstoffen (kies er maar één): 1 kaneelstokje, 1 inch stuk verse kurkuma (in dunne plakjes gesneden, hetzelfde als de gember), of meerdere takjes verse munt
- Optionele toevoegingen: 1 dun rondje verse citroen of sinaasappel, en/of 1 theelepel honing of ahornsiroop, naar smaak

Routebeschrijving

a) Combineer de gesneden gember en water in een pan op hoog vuur. Als je een kaneelstokje, verse kurkuma of verse munt toevoegt, voeg het dan nu toe.
b) Breng het mengsel aan de kook en zet het vuur zo nodig lager om het 5 minuten zacht te laten sudderen (voor een extra sterke gembersmaak, laat het maximaal 10 minuten sudderen).
c) Haal de pan van het vuur. Giet het mengsel voorzichtig door een zeef in een hittebestendige maatbeker voor vloeistof of rechtstreeks in een mok.
d) Serveer desgewenst met een schijfje citroen en/of een scheutje honing of ahornsiroop, naar smaak. Heet opdienen.

96. Smoothie van bosbessen en spinazie

Porties 14

Ingrediënten

- 3 eetlepels ouderwetse havermout
- 1 kop verse spinazie
- 1 kopje bevroren bosbessen
- 1/3 kopje gewone Griekse yoghurt
- ¾ kopje melk (welke soort je voorkeur heeft)
- 1/8 theelepel kaneel (optioneel)

Routebeschrijving

a) Doe alle ingrediënten in een blender en mix tot een gladde massa.
b) Serveer onmiddellijk.

97. Groene smoothie met vijgen

1 portie

Ingrediënten:

- 2,5 ons (70 g) babyspinazie
- 1½-2 kopjes (300-500 ml) water
- 1 peer
- 2 vijgen, geweekt

Routebeschrijving

a) Meng spinazie met 300 ml water.
b) Snijd de peer, voeg samen met de vijgen toe en mix opnieuw.
c) Voeg indien nodig meer water toe om de juiste consistentie voor je smoothie te vinden.

98. Kiwi-ontbijt

1 portie

Ingrediënten:

- 1 peer
- 2 stengels bleekselderij
- gele kiwi's
- 1 eetlepel water
- ½ theelepel gemalen gember

Routebeschrijving

a) Snijd peren, bleekselderij en een van de kiwi's in grote stukken en mix in de blender met 1 eetlepel water tot het een gladde consistentie is.
b) Top met de andere kiwi, in stukjes gesneden en gemalen gember.

99. Courgette, peer en appel Bowl

1 portie

Ingrediënten:

- ½ courgette
- 1 peer
- 1 appel
- optioneel: kaneel en gemalen gember

Routebeschrijving

a) Courgette en peren in grote stukken snijden en in de keukenmachine mengen.
b) Voeg de appel toe, snijd in grote stukken en blijf mixen tot een gladde consistentie.
c) Serveer in een kom en bestrooi met kaneel en gember.

100. Avocado en bessen

Ingrediënten:

- 1 avocado
- 1 peer
- $3\frac{1}{2}$ ons (100 g) bosbessen

Routebeschrijving

a) Snijd de avocado's en peren in stukjes.//
b) Meng in een kom en garneer met bosbessen.

CONCLUSIE

We houden allemaal van een feestje, en dat is prima, maar als je een kater moet doorstaan, is het misschien tijd om het drinken te vertragen, of zelfs te stoppen. Maar in ieder geval zullen deze recepten er voor jou zijn, om die kater te genezen!

www.ingramcontent.com/pod-product-compliance
Lightning Source LLC
Chambersburg PA
CBHW070352120526
44590CB00014B/1103